Lb 49/165.

DEFENSE

DES

INTÉRETS DES HOSPICES

ET ETABLISSEMENS DE CHARITE,

GRAVEMENT COMPROMIS PAR L'AMENDEMENT DE LA COMMISSION CHARGÉE PAR LA CHAMBRE DES DÉPUTÉS DE L'EXAMEN DE LA LOI DES INDEMNITÉS A ACCORDER AUX ÉMIGRÉS;

PAR M. LUCAS.

Dédié au Général Foy,

MEMBRE DE LA CHAMBRE DES DÉPUTÉS.

> Émigrés, vous apprendrez à la France, par votre respect pour les malheurs des pauvres, celui qu'elle devra désormais aux vôtres.

PARIS,

A LA LIBRAIRIE FRANÇAISE ET ÉTRANGÈRE,

Palais-Royal, Galeries de Bois.

1825.

Résumé de l'histoire physique, civile et morale de Paris, par M. Lucas. Chez Louis Janet, rue St.-Jacques, n° 59.
Et chez Ponthieu, Palais-Royal.

IMPRIMERIE DE SÉTIER,
Cour des Fontaines, n° 7, à Paris.

GÉNÉRAL,

Je vous confie les intérêts les plus chers de l'humanité, comme au plus éloquent défenseur de tout ce qui intéresse la dignité humaine.

Votre très-humble serviteur,

LUCAS.

AVERTISSEMENT.

Cet écrit se divise en deux parties. 1.º Droits des hospices ; 2.º Intérêts des hospices. Je me suis attaché à prouver, qu'envisagée sous ces deux rapports de justice et d'utilité, la mesure proposée par la commission devait être rejetée ; et qu'on devait adopter celle du gouvernement comme la plus équitable et la plus sage.

Il n'entre point dans ma nature d'aborder de hautes questions avec les armes de l'injure ; mais surtout dans une cause où deux espèces d'infortunes sont aux prises, je prie mes lecteurs de croire d'avance, que ce n'est point avec un pamphlet que j'ai voulu y intervenir.

Cet avertissement est le seul dont je doive faire précéder l'examen de la première question : **La mesure est-elle juste et légale ?**

DEFENSE

DES

INTÉRETS DES HOSPICES

ET ETABLISSEMENS DE CHARITE,

GRAVEMENT COMPROMIS PAR L'AMENDEMENT DE LA COMMISSION CHARGÉE PAR LA CHAMBRE DES DÉPUTÉS DE L'EXAMEN DE LA LOI DES INDEMNITÉS A ACCORDER AUX ÉMIGRÉS.

PREMIÈRE PARTIE.

La mesure est-elle juste et légale?

La Loi du 23 messidor an 2, ordonna la vente des biens des hospices et des établissemens de charité.

Les Lois des 9 fructidor an III, 2 brumaire et 28 germinal an IV, suspendirent cette loi dans son exécution; celles des 16 brumaire et 20 ventose an V, l'abrogèrent. On rendit aux hospices ceux de leurs biens qui n'avaient point encore été aliénés, et, en remplacement des autres, on leur concéda provisoirement tous les domaines nationaux qui auraient été usurpés par des particuliers.

Par les lois des 8 ventose an 12 et 7 septembre 1807, les hospices furent déclarés jouir *définitivement* et à titre *de propriété incommutable* de la plupart des biens dont ils n'avaient encore été envoyés qu'en possession provisoire.

La Charte trouva les choses en cet état, et dit, art. 9. *Toutes les propriétés* sont inviolables, sans aucune exception de celles qu'on appelle *nationales*, la loi ne mettant aucune différence entre elles.

La Loi du 5 décembre 1814, déplaça, par son titre, la garantie d'inviolabilité, proclamée par la Charte. Dans la Charte, cette garantie planait sur la propriété, et, par conséquent, sur toutes les voies légales qui y aboutissaient. Le titre de la loi de décembre, *loi relative aux biens non vendus* des émigrés, et ces expressions du préambule, *l'engagement que nous avons solennellement contracté et que nous réitérons, de maintenir les ventes des domaines nationaux*, etc., présentaient un sens restrictif de l'art. 9 de la Charte où l'engagement avait été contracté envers les propriétés nationales. Qu'arriva-t-il ? c'est que cette loi offrit un contraste frappant entre son titre et son objet, entre son préambule et ses articles. Ici il n'était question que de biens non vendus, et là on parlait de biens donnés, concédés définitivement. C'était une nécessité à cette loi, dont le titre était en contradiction avec la Charte, de se mettre en contradiction avec son titre.

Cependant on ne commet jamais impunément d'inconséquences, et surtout en matière de législation. Déjà, par son titre seul, la loi de décembre 1814, avait donné lieu, dans la chambre élective, à des discussions qui ne devaient pas être agitées par des députés qui avaient juré obéissance à la Charte. On se demanda si on devait respecter les biens *définitivement concédés* aux hospices ; c'était évidemment raisonner d'après un titre qui ne parlait que de *ventes*, mais contrairement à la Charte qui ne parlait que de *propriétés*.

La Charte échappa, dans les deux premiers alinéas de l'art. 8, de décembre 1814, à la plus forte atteinte. On voulut bien reconnaître aux hôpitaux la propriété des biens à eux donnés avec toutes les conditions qui rendent la donation parfaite ; mais la rédaction vague et improvisée (1) du dernier alinéa, laissa un champ ouvert à une interprétation subversive de la Charte et de la loi. En effet quoique l'art. 9 de la Charte déclarât les *propriétés* inviolables ; quoique l'art. 1er de la loi de décembre 1814 portât: *sont maintenus et sortiront de leur plein et entier effet, tous actes passés, tous droits acquis* avant la publication de la Charte ; et que ces deux articles fussent applicables aux hospices, l'art. 9 de la Charte, en ce qu'ils étaient propriétaires, puisqu'ils avaient été saisis de leurs biens en vertu d'un acte translatif de propriété ; l'art. 1er de la loi, en ce que les actes avaient été passés et les droits acquis avant la Charte; malgré toutes ces considérations, l'ordonnance du 11 juin 1816 porta, que (2) « si les biens
» que les établissemens de charité avaient reçus en
» vertu de la loi du 16 vendémiaire an V, en rem-

---

(1) Question de droit, administ. de M. de Cormenin, p. 219, tom. II.

(2) Quest. administ. Cormenin, tom. II, pag. 221.

» placement de leur ancienne donation vendue en
» vertu de la loi de messidor an II, excédaient la
» valeur de la dite donation, ils eussent à en resti-
» tuer l'excédant aux émigrés dont tout ou partie
» de ces biens fut provenue, *dans quelque forme*
» *que la concession eût été faite.* » Que la concession fût définitive ou provisoire, l'ordonnance de 1816 n'admettait aucune distinction. C'était le titre et le préambule de la loi de décembre 1814, cette fois ordonnancés. En effet l'ordonnance ne considérait plus les hôpitaux comme des donataires et conséquemment comme des propriétaires, mais comme des indemnisés. En conséquence, droit de propriété en vertu d'un acte qui l'avait valablement conféré, date de l'acte passé et des droits acquis, elle renversait toutes ces considérations pour arriver à cette question : y a-t-il eu *achat* de la part des détenteurs des biens ? et, fidèle à son principe de ne garantir que les *ventes*, et non, comme la Charte, les propriétés, elle ne reconnaissait appartenir aux hôpitaux, que les biens reçus en paiement de leur ancienne dotation ; et là où le paiement finissait, la spoliation devait commencer. Ainsi les hospices étaient réduits à faire valoir uniquement le montant de leurs créances.

Et ce principe du titre X du préambule de la loi de 1814 étendit encore plus loin sa portée, puisqu'on fut jusqu'à déclarer restituables, dans cette ordonnance de 1816, les biens donnés aux hospices par des particuliers avec l'autorisation du Gouvernement. C'était évidemment déclarer qu'on ne voulait reconnaître que les ventes nationales, et non plus, avec la Charte, les *propriétés*. Cependant le Gouvernement recula bientôt devant cette violation manifeste de la Charte et, le 12 août 1818, cet art. 6 de l'ordonnance de 1816 fut rapporté; mais l'art. 3 qui n'est pas moins réellement contraire à la Charte et à l'art. premier de la loi 1814, a continué d'être en vigueur et d'être appliqué par la jurisprudence du conseil d'état (1).

Tel était l'état des choses, quand le Gouvernement a résolu de proposer une loi relative aux indemnités à accorder aux émigrés.

Le patrimoine des pauvres est sacré, dit M. le baron de Cormenin, (quest. administ., tom. II, p. 31,) le malheur des émigrés était sacré également *res sacra miser*. Il y avait un moyen de concilier ici l'équité avec la nécessité. L'art. 7 de la loi du 5 décembre 1814 semblait préparer cette voie de transaction, par analogie : c'était de maintenir les hospices, même pour l'excédant, et d'accorder aux anciens propriétaires une indemnité sur les fonds du trésor.

Cette mesure est évidemment celle que le Gouvernement vient d'adopter. Ecartant avec sagesse toutes les distinctions imprudemment introduites par un faux esprit d'interprétation, il est rentré dans le texte et dans l'esprit de la Charte et de la loi de décembre 1814, et il n'a admis que deux distinctions nécessaires et fondamentales, entre les concessions provisoires et les concessions définitives.

En conséquence, dans le premier cas, les hospices

---

(1) Quest. administ. Cormenin, tom. II, pag. 225.

recevront l'indemnité, et les émigrés recouvreront leurs biens; dans le second, au contraire, les émigrés n'auront droit qu'à l'indemnité.

Dans le sein de la commission, il s'est trouvé des membres qui ont voulu renverser cette distinction sage et légale, et reconnaître, dans les deux cas, aux émigrés le droit de se faire restituer leurs biens par les hospices, en leur donnant l'indemnité. Les raisons dont on s'est servi pour motiver cette prétention, méritent peu qu'on les combatte, et sans doute la fidélité avec laquelle M. le rapporteur les a transmises à la Chambre, a dû beaucoup coûter à son talent et à ses connaissances dans la matière. « Les motifs de haute politique auxquels le Roi a cédé, lorsqu'il a donné la Charte, ne militent point, a-t-on dit, dans ce cas, et ne peuvent être appliqués aux hospices. — Il ne s'agit pas de discuter les motifs que le Roi a eus de porter ou de ne pas porter telle chose dans la Charte, mais il s'agit de ce qui s'y trouve. Ce qui est dit dans la Charte est dit à toujours. La Charte est une œuvre dont il ne reste plus à son auteur que la gloire de l'avoir faite : elle est la propriété de la nation.

La seconde raison, alléguée dans ce système, est que l'État a le pouvoir de disposer des biens des hospices jusqu'au dessaisissement. Cette hérésie administrative et législative tout à la fois a suffisamment été réfutée par M. le Rapporteur, je me dispense d'y revenir. Quant à l'argument qui se fonde sur ce que des établissemens de bienfaisance ne peuvent continuer à tirer leurs revenus d'une source aussi immorale que les propriétés nationales; je dirai d'abord, que rien ne m'est moins prouvé que cette *immoralité*, etc. J'ajouterai qu'au surplus ces scrupules sont un peu tardifs pour des consciences qui votent chaque année, sans répugnance, le budget des jeux et des loteries dont les produits font aussi partie des revenus des hospices.

Telles ont été les opinions de la minorité de la commission. La majorité a admis des opinions différentes dont il est important que nous prenions acte, car rien n'est plus contraire aux principes par elle reconnus, que les conséquences qu'ensuite elle en a tirées.

Cette majorité a d'abord admis la distinction du Gouvernement entre les concessions provisoires et les concessions définitives. Elle a reconnu dans cette concession définitive un acte translatif de propriété, et dans les hospices, au profit desquels ces actes avaient été passés, de *véritables tiers* propriétaires placés sous la protection de l'art. 9 de la Charte et de l'article premier de la loi de décembre 1814. Elle a également bien défini la disposition du Gouvernement qui n'exerce, à l'égard des hospices, qu'une *influence de protection et de surveillance*. Après cette déclaration de principes, au lieu de conclure l'adoption pure et simple de la proposition du Gouvernement, elle a imaginé un amendement qu'elle a appelé *mesure conciliatoire*, etc. par laquelle elle a trouvé le secret de faire avoir raison à la minorité à qui elle donnait tort, et de faire avoir tort au Gouvernement à qui elle donnait raison. En effet, elle propose de laisser à l'ancien propriétaire d'un bien *concédé* définitivement à un hospice, la faculté de le reprendre, à la charge de fournir à l'hospice en rentes sur l'Etat un revenu égal au produit net que ce bien rapporte actuellement.

M. le Rapporteur ne trouve à cette mesure aucun des inconvéniens de celle proposée par la minorité; moi je les retrouve tous, à l'exception de l'indemnité qui est augmentée ; en effet, que demandait la minorité? l'assimilation des deux cas de concession provisoire ou définitive, pour que l'émigré, dans un cas comme dans l'autre, eût droit de reprendre ses biens. Que proposait au contraire le gouvernement? le respect de l'art. 9 de la Charte et 1ᵉʳ de la loi de 1814, c'est-à-dire l'inviolabilité pour la propriété, pour les droits acquis, et, en conséquence, l'interdiction de toute faculté de reprise des biens définitivement concédés. Entre deux principes si opposés, pouvait-il y avoir conciliation, et la commission a-t-elle cru de bonne foi concilier cette double pétition de principes par une solution d'argent? car voici à quoi se réduit l'amendement de la commission : elle a dit d'abord à la minorité qui voulait pouvoir, dans les deux cas de concession, soit provisoire, soit définitive, donner l'indemnité aux hospices et en recevoir les biens: vous n'êtes point recevables dans votre demande, il faut admettre la distinction du gouvernement; car, dans le second cas, les hospices sont des *tiers propriétaires* placés sous la protection de l'art. 9 de la Charte.

Puis la commission s'est ravisée, elle est revenue à la minorité et lui a dit : ce n'est pas assez de l'indemnité que vous recevrez, pour reprendre ceux de vos biens définitivement concédés aux hospices, mais ajoutez quelque chose à cette indemnité, donnez aux hospices en rentes sur l'État, un revenu égal au produit net de leurs biens et alors vous pourrez les reprendre; c'est-à-dire que, moyennant cette augmentation, vous pourrez violer l'article 9 de la Charte, au nom duquel je vous avais nettement déboutés de votre demande. Avouons-le, de tels amendemens ressemblent plus à des actes de charlatanisme qu'à des mesures conciliatoires. Car, après avoir reconnu avec le Gouvernement que les hôpitaux étaient des tiers propriétaires protégés par l'art. 9 de la Charte, comment M. le Rapporteur, au lieu d'adopter la proposition du Gouvernement, qui était la conséquence rigoureuse de cette reconnaissance de principes, a-t-il pu parler d'un droit d'obliger les hôpitaux à céder leurs propriétés? Ignorait-il que la cession des propriétés protégées par l'art. 9, qui n'admet aucune différence entre elles, *n'était* exigible que dans un cas, et que ce cas, défini par l'art. 10, n'était pas celui qui s'offrait aujourd'hui? Comment M. le rapporteur, qui avait demandé, au nom des hospices, l'exécution de l'art. 9, pouvait-il invoquer l'exécution de l'art. 10 contre eux? Et comment lui, qui venait de ne reconnaître à l'Etat qu'une influence de surveillance et de protection sur les hôpitaux, avait-il pu tout-à-coup transformer ce simple rôle de tuteur en celui d'arbitraire dispensateur de leurs biens?

Mais ce n'est pas seulement en mettant M. le rapporteur en contradiction manifeste avec lui-même, que je veux montrer les véritables rapports qui s'établissent entre les hospices et l'Etat; pour obtenir la solution de cette importante question, il faut puiser à une source plus élevée c'est-à-dire remon origine des établissement de bienfaisance.

Les malheureux ont-ils des droits aux secours de la société? Il semble, dit M. S y, qu'ils n'en n'ont qu'autant que leurs malheurs soient une suite nécessaire de l'ordre social établi ; je partage entièrement cette opinion. Assurément, considéré sous ce premier rapport, l'établissement des maisons de bienfaisance est une dette sociale, non-seulement en France, mais dans tous les états de l'Europe ; car ce ne sont point sur de véritables ordres sociaux, mais sur de véritables volcans que les hommes ont vécu jusqu'ici. Le sol, comme l'a dit M. de Martignac, est encore profondément sillonné par leurs éruptions. Et en effet, depuis seulement les spoliations de Charles-Martel jusqu'à celles de Louis XIV, s'il fallait énumérer en France tous les maux imputables au vice du système social, le résultat d'un tel calcul serait effrayant. Les maux des révolutions sociales sont irréparables. Les secourir, c'est justice ; mais vouloir les indemniser, c'est folie.

Et en parlant ici des plaies des révolutions qu'on reproche si amèrement aux hommes, je ne sais si on n'intenterait pas avec autant de raison le procès à la providence qu'à l'humanité. Dans le tableau que nous offre l'histoire des sociétés humaines, je vois partout un fond noir et rembruni et nulle part l'ordre social ne m'apparaît qu'après les éclats de l'orage. L'enfance des sociétés est comme celle d'Hercule : elles ont des serpens à étouffer dans leur berceau ; et il leur reste même encore de terribles travaux pour l'adolescence. Si telle est la destinée des sociétés humaines ; si l'ordre social, cet enfant miraculeux, ne naît comme l'homme lui-même, appelé à en jouir qu'après les longues souffrances d'un enfantement orageux ; ah ! pourquoi les hommes auxquels la naissance de notre ordre social actuel a coûté des malheurs, n'imitent-ils pas la piété d'une mère qui, sentant combien le bienfait est au-dessus du sacrifice, ne reproche, ni à son fils, ni à la nature les maux qu'elle a soufferts !

Il est d'autres plaies encore plus incurables et plus continues que celles qui naissent des bouleversemens sociaux ; bien des maux sont attachés à la faible humanité ; l'homme peut perdre tout ce qu'il peut acquérir ; il n'est assuré de conserver que ce qu'il ne s'est pas donné lui-même ; sa fortune pourra s'évanouir, mais sa nature lui restera avec les infirmités et les besoins qui en sont inséparables. Qu'il serait imprudent à lui, avec la connaissance de ce qu'il est ici-bas, de ne point lutter de prévoyance avec l'instabilité de sa condition. Voilà la seconde origine de l'institution des hospices et des établissemens publics de bienfaisance. On peut les considérer sous ce rapport, comme le dit M. Say, comme des caisses de prévoyance formées aux dépens des contribuables, où chacun apporte une légère part de son revenu pour acquérir le droit de recourir à leur aide dans des circonstances malheureuses.

Ainsi donc l'institution des hospices et établissemens de bienfaisance, est une dette sociale, quand elle a pour but de soulager les plaies des révolutions sociales ; et c'est un acte de prévoyance, quand elle est destinée à cicatriser les plaies éternelles de l'humanité.

Dans les deux cas, ce devrait être à la société à faire collectivement les frais d'établissement et d'entretien de ces institutions ; alors le Gouvernement imposerait des taxes à cet effet. C'est ainsi qu'Elisabeth d'Angleterre porta que chaque paroisse serait tenue de pourvoir aux besoins de ses pauvres, et nommerait tous les ans des inspecteurs, qui, d'accord avec les marguilliers, leveraient sur la paroisse la somme nécessaire à cet effet.

Mais si le gouvernement, présumant mieux de la dignité humaine, cherche plutôt à éveiller la bienfaisance qu'à l'imposer; si, au lieu d'être une charge publique, il veut qu'elle devienne une vertu sociale, alors il substitue les inspirations de l'humanité aux commandemens de la puissance, et il laisse s'introduire, sous le nom d'hospices, d'hôpitaux, etc., ces corps moraux qui, comme l'a dit M. Pardessus, ont leur personnalité et leur individualité active et passive.

Cette individualité est active, en ce que l'Etat leur a remis la créance du malheur, et qu'ils se sont chargés, au nom de la société, d'en acquitter noblement la dette.

Elle est encore active, en ce qu'ils ne vivent point des deniers de l'Etat. Ce n'est point en effet des produits des taxes, mais bien des dons et des offrandes des âmes charitables, que s'est formé et que s'est grossi peu à peu le patrimoine des pauvres. L'Etat, sans doute, n'y est point resté étranger, mais ce n'est là qu'une participation honorable à de bonnes œuvres qui ne lui donne que des droits à la reconnaissance des pauvres. Quand bien même il prouverait que c'est lui qui a le plus fait pour le malheur, il ne faudrait rien en conclure, sinon, que l'État a rempli son devoir; car c'était à lui, par son exemple, à encourager les bonnes œuvres; et certes il ne serait pas admissible à dire aujourd'hui, au mépris de toute morale divine et humaine, que ce n'étaient point des libéralités qu'il a entendu faire aux pauvres, mais des sacrifices intéressés dont il vient maintenant réclamer le prix.

La participation de l'État à la formation et à l'accroissement du patrimoine des pauvres, est donc bien définie; il a été libéral, charitable, et rien de plus. On ne peut donc tirer de là aucun argument qui crée aucun droit à l'État sur le patrimoine des pauvres.

Telle fut l'histoire de nos hôpitaux en France. *Cette Europe* qui s'était jetée sur l'Asie avec fanatisme, en revint avec un esprit de bienfaisance. La leçon du malheur est grande et instructive! Rassemblée dans la Judée, l'Europe croisée, à force d'éprouver des misères, apprit à les secourir. Ce furent à ces ordres hospitaliers qui revinrent des Croisades, que les hôpitaux durent leur nom et leur organisation primitive. La bienfaisance fit les premiers frais de ces établissemens et les continua depuis. Peut-on s'étonner maintenant du droit qu'ont toujours eu les hospices d'être des corps indépendans, jouissant d'une personnalité active, quand on reconnaît qu'ils tirent ce droit d'une aussi belle origine?

Maintenant que nous concevons l'individualité active des hôpitaux, tâchons de comprendre également ce qu'on doit entendre par ce qu'on appelle individualité *passive*.

Rappelons-nous les principes que nous avons exposés : la société a une dette, avons-nous dit, envers le malheur, ces corps, ces établissemens de bienfaisance sont chargés, il est vrai, de l'acquitter; mais, si jamais leurs secours venaient à manquer au malheur, il aurait son recours contre la société elle-même, c'est-à-dire, contre l'Etat. L'Etat a donc intérêt à ce qu'il ne se passe aucun acte qui puisse compromettre le patrimoine des pauvres. En conséquence, il exerce sur les actes qui y sont relatifs, une influence de surveillance et de protection, suivant les expressions de M. Pardessus. L'Etat doit aux hospices ce patronage comme ils lui doivent cette déférence. Mais autre chose est d'avoir le droit d'autoriser ou d'empêcher l'accomplissement d'un acte, autre chose est d'avoir le droit de le faire. L'initiative de toute disposition appartient aux hospices; et c'est là la seule garantie de leur droit de propriété. Otez la, et l'Etat n'est plus le tuteur, mais bien l'arbitraire dispensateur des biens des hospices. Et qu'on ne cherche point à rabaisser ce droit d'initiative que je réclame pour les hospices, et qui, à lui seul, constitue leur droit de propriété; car c'est alors que j'en appellerais au système constitutionnel qui nous régit, et que je demanderais d'où vient, après avoir tant vanté et tant réclamé ce droit, dans l'intérêt de la couronne, cette dédaigneuse indifférence a l'immoler aujourd'hui dans la cause du pauvre.

Reconnaissons donc qu'aux hôpitaux seuls appartient le droit de prendre telle mesure relative à la disposition de leurs biens, et qu'à l'État appartient alors celui d'intervenir pour en permettre ou en empêcher l'accomplissement. Voilà les principes applicables à la disposition des biens en général des hospices.

Et quant à l'argument tiré de la nature de ceux qui ont été confisqués aux émigrés, argument qui tendrait à autoriser à cet égard une mesure exceptionnelle, reconnaissons également que les hôpitaux peuvent être considérés sous deux rapports, d'abord comme spoliés eux-mêmes, et ensuite comme détenteurs de biens provenus de la spoliation. Sous ce second rapport, la dotation en paiement, comme le dit M. Pardessus, étant un mode d'acquérir, ils sont assimilés aux propriétaires de biens nationaux et placés comme tels sous la protection des art. 9 et 10 de la Charte.

Comme spoliés, leurs droits sont ceux des émigrés eux-mêmes. S'ils n'avaient pas reçu d'indemnité, ne viendraient-ils pas, avec les émigrés, en réclamer une aujourd'hui? Quoi, ce ne serait pas assez pour les émigrés de refuser aux malheureux rentiers leur juste part à l'indemnité, ils viendraient encore ravir aux pauvres celle qu'ils ont reçue! C'est avec les biens des émigrés, dit-on, qu'on a payé les hôpitaux. Eh! qu'en conclure? qu'il faut reprendre ceux-là aux hospices sans leur rendre les leurs; c'est-à-dire que, puisque, des émigrés ou des pauvres, il faut qu'il y ait quelqu'un à perdre ses biens, mieux vaut que ce soient les pauvres? L'argument est remarquable dans une loi dite de justice.

On a cherché à pallier l'iniquité d'une telle mesure en invoquant l'intérêt des hospices. Avant d'examiner si la mesure est en effet dans l'intérêt des hospices, arrêtons-nous d'abord à cette phrase par laquelle M. le Rapporteur prélude à cette question. *La commission croit*, a-t-il dit, *que l'Etat, juge naturel des intérêts des hospices, a le droit de prendre cette mesure, si cet intérêt n'en souffre pas.*

Après avoir reconnu que l'Etat n'était que *tuteur*, on fait de l'Etat un juge. Soit; mais voilà un juge qui prononcera sans avoir entendu les parties, ou plutôt, ce qui est pire, après n'avoir entendu que l'une d'elles : les émigrés !

2°. Voilà un juge naturel des intérêts des hospices, qui devra prendre des mesures, non pas, comme on pourrait le croire, dans le plus grand intérêt des hospices, mais simplement dans la vue de ne pas leur nuire. Il suffit que leur intérêt n'en souffre pas, pour qu'il ait droit d'autoriser une transformation de propriétés qui doit être universelle dans le royaume.

Eh quoi! les hôpitaux ne peuvent disposer définitivement des biens qui leur appartiennent sans l'aveu de l'Etat, et l'Etat disposerait sans leur aveu de biens qui ne lui appartiennent pas? Les hôpitaux, ces tiers propriétaires, comme l'a dit M. Pardessus, régis par l'art. 9 et par conséquent par l'art. 10 de la Charte, apprendraient par les papiers publics que l'Etat a remis leurs biens aux émigrés. Quel oubli de principes ! quel bouleversement d'idées !

Je le demande de bonne foi, en admettant que la mesure que propose M. Pardessus, au nom de la commission, fut utile, avantageuse aux hôpitaux comme il le prétend, un Gouvernement qui connaîtrait ses droits et ses devoirs, ne commencerait-il pas par consulter les administrations des hospices, et, après avoir recueilli leurs avis et même leurs suffrages, ne se bornerait-il pas encore à donner aux hospices, non ses ordres, mais son autorisation ?

Après ce préambule, par exemple : *nous avons vu avec plaisir que l'administration des hospices de notre bonne ville de Paris à qui nous avons bien voulu communiquer ce projet de loi, en avait adopté les principales dispositions, et nous aimons à nous persuader que les autres maisons hospitalières se porteront successivement à suivre cet exemple*, etc. Après ce préambule, dis-je, il se bornerait à dire :

« A ces causes, art. premier, nous autorisons tous les hôpitaux de notre royaume, sans distinction, à procéder, etc., etc., etc. »

Eh bien ! ce préambule, cet article, sont extraits littéralement de l'ordonnance de 1780, citée par M. Pardessus, où il s'agissait également de convertir en rentes les biens immeubles des hôpitaux. C'est ainsi qu'en agissait un Roi qui, comme le dit M. Pardessus, n'était étranger à aucune vue de bien public et d'humanité.

Et qu'on ne croie pas qu'il ne se troûvât point alors dans le conseil du Roi, comme aujourd'hui dans la commission de la Chambre élective, des hommes qui dirent aussi que l'Etat était le juge naturel des intérêts des hospices, et qu'il avait le droit de prendre cette mesure. Qu'on lise M. Neker (1). En réclamant la gloire d'avoir le premier proposé cette mesure au Roi, il ne cache point son avis qui était de l'imposer aux hospices, mais, dit-il, le Roi, pour *ménager les droits de la propriété*, ne voulut point employer de voies coercitives.

Ainsi il reste donc bien démontré, et par le raisonnement, et par l'autorité des faits, que l'adoption de l'amendement de la commission serait une violation du droit de propriété.

DEUXIÈME PARTIE.

La mesure est-elle avantageuse aux hospices?

Maintenant il reste à discuter la question d'intérêt. Les hôpitaux *ont-ils intérêt à recevoir une rente sur le grand livre de la dette publique, égale au revenu net des biens dont la propriété est réclamée par les émigrés?* Telle est la position de la question. Consultons à cet égard le père de l'économie politique.

« Il ne faut pas, dit Smith (2), reléguer au nombre

---

(1) De l'administration des finances, tom. III, p. 178.
(2) Tom. Ier, p. 71, traduction de Roucher.

» des distinctions purement spéculatives, et tout-à-fait
» inutiles dans la vie, la distinction du prix réel et du
» prix nominal des marchandises et du travail; elle peut
» au contraire devenir quelquefois d'un usage très-
» étendu dans la pratique. Le même prix réel est tou-
» jours de la même valeur; mais, à raison des varia-
» tions qui surviennent dans la valeur de l'or et de
» l'argent, le même prix nominal est quelquefois
» d'une valeur très-différente. Aussi voulez-vous
» qu'une rente perpétuelle, dont vous faites la réserve
» en vendant une terre, conserve dans la suite des
» siècles sa première valeur ? Il est important, pour
» la famille en faveur de laquelle vous stipulez cette
» réserve, que la rente ne soit pas une somme dé-
» terminée d'argent: dans cette supposition, *la valeur*
» de la rente serait nécessairement exposée à des
» variations de deux sortes : d'abord, à celles qui
» naissent des différentes quantités d'or et d'ar-
» gent que contiennent en différens temps les
» monnaies d'une même dénomination; ensuite
» à celles qui naissent des différentes valeurs que
» la différence des temps donne aux mêmes quan-
» tités d'or et d'argent. »

Je crois que les principes de Smith sont ici bien
applicables. Les hôpitaux vendent ou rendent, peu
importe le mot, des propriétés foncières aux émigrés,
et la réserve qu'ils stipulent, ou plutôt qu'on stipule
pour eux, est précisément cette rente en argent sou-
mise, comme le dit Smith, à deux espèces de variations.

De ces deux espèces de variations, la première,
c'est-à-dire, cette espèce de variations qui naissent des

différentes quantités d'or et d'argent que contiennent en différens temps, les monnaies d'une même dénomination, peut être écartée comme n'offrant aucun danger réel dans notre système monétaire actuel.

Mais on ne peut échapper au péril de la seconde espèce de variations; nous avons ici à l'appui de cet'e opinion et les témoignages des faits, et les démonstrations de la science.

Nous renfermons-nous en effet dans la sphère du présent, c'est-à-dire, dans le cercle de trente années, déjà nous trouvons dépréciation dans la valeur des métaux. Quel est, je ne dis pas le riche propriétaire, mais le plus chétif consommateur qui ne reconnaisse qu'il lui faut donner plus d'argent aujourd'hui pour acheter tel ou tel même produit, qu'il ne lui en fallait il y a trente années? Les loyers, comme les baux, ont augmenté dans toute la France; et certes on ne peut douter qu'une dépréciation dans la valeur de l'argent n'y entre pour beaucoup.

Si nous sortons du cercle de 30 années, j'aperçois deux révolutions financières dont l'une est dans le passé et l'autre dans l'avenir. On se souvient de la découverte du nouveau monde, et des bouleversemens qui s'ensuivirent dans les fortunes publiques et particulières. Eh bien, c'est encore de ce côté que l'avenir me paraît gros de révolutions nouvelles. On a découvert dans des montagnes (1) d'une masse et

---

(1) Dans les pays que les Espagnols découvrirent lors de leurs premiers voyages, on ne connaît pas aujourd'hui une seule mine d'or et d'argent qu'on croie mériter les frais d'exploitation.

d'une élévation gigantesque, des métaux précieux enfouis dans leurs vastes flancs ; et, comme si la Providence, qui semble chaque jour montrer à l'homme que tout ce qui l'entoure est fait pour embellir son existence, s'il sait mener toute chose à sa fin, avait voulu hâter l'envoi en possession de ces trésors qu'elle étalait à ses yeux, elle a suscité un agent d'exploitation qui semble avoir encore plus de puissance que les entrailles de la terre n'auront de fécondité. On voit que je parle de la vapeur, cette étonnante auxiliaire de l'industrie humaine, dont les premiers effets sont déjà des merveilles.

Enfin il faut encore tenir compte d'une troisième puissance, c'est cet esprit d'association qui vient à bout de si grandes choses avec un si admirable déploiement d'énergie (1).

Ainsi redoublement de fécondité dans la terre, de force d'exploitation dans l'agent, d'activité industrielle dans l'homme, c'est-à-dire, mines, vapeur et associations ; telles sont les trois puissances qui forment le triple bras de ce levier qui menace encore d'un bouleversement financier l'ancien monde.

Je ne puis croire toutefois que nous soyons condamnés à voir sortir de cette seconde révolution tous les désastres de la première, parce que les produits que verseront ces mines fécondes agiront sur une plus grande masse de métaux précieux répandus dans l'univers ; parce qu'ensuite ces métaux n'arriveront qu'avec régularité par les voies de l'échange, et non avec

---

(1) On sait que les compagnies anglaises sont déjà en activité.

confusion par celles du brigandage, comme sous les conquérans espagnols; parce qu'ensuite ils trouveront sans cesse dans les arts des emplois nouveaux qui contribueront à empêcher la grande dépréciation de leur office monétaire ; et parce qu'enfin ils seront, en partie, absorbés par les besoins d'une foule de peuples nouveaux qui naissent à la liberté, et par conséquent au commerce et à l'industrie. Mais, malgré toutes ces considérations, il est impossible de ne point prévoir qu'avant la moitié de ce siècle, ces métaux n'aient perdu un quart de leur valeur métallique ; c'est-à-dire, que, pour avoir les mêmes denrées en quantité et qualité égales, on ne soit obligé de donner un quart en plus de ces métaux qu'il n'en faut aujourd'hui (1).

Quand même la prévoyance de cette révolution, que j'appuie sur des données si incertaines, ne serait qu'une chimère, encore ne faudrait-il point dédaigner la leçon des siècles passés, ni s'abandonner à cette orgueilleuse sécurité qui contraste trop amèrement avec l'instabilité des choses humaines. Jetez, si vous voulez, le voile sur l'avenir ; mais déchirez celui

―――――――――――

(1) Notez qu'ici mon évaluation n'est point arbitraire. A une époque où on n'avait devant les yeux les pronostics d'aucune révolution financière, en 1780, précisément dans l'art. 3 de la loi qui avait pour but de convertir les biens des hospices en rentes, on évalua la dépréciation de la valeur métallique, d'après le cours ordinaire des choses, à un dixième par quart de siècle, et c'est de là qu'on constitua, au profit des hospices, un droit d'accroissement d'un dixième tous les vingt-cinq ans, tant sur le capital que sur le revenu de leur rente.

du passé. Ne criez plus maintenant aux théories : ici les vérités de la science sont inscrites dans les faits. Il n'est besoin de sortir de France, ni de ce Paris même où tant d'établissemens publics et particuliers ont été exposés aux coups de cette révolution financière du seizième siècle. Voyons ceux qu'elle a détruits et ceux qu'elle a laissés debout. Prenons les colléges, par exemple, si nombreux à cette époque. Voyez ceux dont la dotation ne consistait qu'en rentes d'argent : ils ont été emportés par le torrent. Voyez ceux au contraire qui vivaient des revenus de biens fonciers : ils ont survécu à l'orage. Parmi les premiers, je vous citerai les colléges de *Lisieux*, de *Chagnac*, etc., qui furent complètement ruinés ; (1) du nombre des seconds, je nommerai le collége de Tours, rue Serpente, n°. 7, fondé en 1334, qui, sans cesser de prospérer, trouva dans le même capital de quoi payer sept sous au lieu de trois par semaine, aux écoliers, en 1563 ; quinze sous au lieu de sept, et peu de temps après, vingt au lieu de quinze, etc. ; et la raison, c'est que ce capital était un fonds de terre. Il faut donc avouer que les biens fonciers présentent des garanties de stabilité dans leurs valeurs, qu'on ne rencontre point autre part. Le fait atteste évidemment ici leur supériorité : maintenant c'est à la science à expliquer le fait.

Les valeurs sont très-variables, et c'est là le problème insoluble de l'économie politique, que de trouver la mesure des valeurs. Ce n'est que par leur plus

___
(1) Voyez, pour plus amples détails, le Résumé de l'Histoire physique, civile et morale de Paris, page 145.

ou moins de variabilité qu'on peut les caractériser et les atteindre.

Au milieu de tout ce qui l'environne, l'homme rapporte tout à lui. Pour lui les valeurs ne sont point dans les rapports des objets entre eux, mais dans les rapports de ces objets avec lui-même. Il est impossible d'énumérer toute cette série de rapports qui tiennent à nos caprices, à nos goûts, à nos passions, à nos affections, etc. Mais cependant il est une classe de ces rapports que l'on doit distinguer et caractériser. Il y a en effet dans notre nature des besoins d'une continuelle et tyrannique exigeance. Ces besoins, qui tiennent essentiellement à notre conservation, nous mettent en relation nécessaire avec le monde extérieur en général, et en particulier avec ce qui, dans ce monde extérieur, semble le plus naturellement appelé à leur donner satisfaction. Ces besoins d'existence deviennent donc le premier terme d'un rapport nécessaire dont ce qui doit les satisfaire, forme le second. Or, c'est de la terre que l'homme tire sa subsistance. L'homme est donc forcé, par les premiers besoins de sa nature, d'en réclamer sans cesse les services productifs. La terre est donc un capital qui a la nature de l'homme pour hypothèque de sa valeur.

Ainsi donc, dans la pratique, un propriétaire de fonds de terre, en faisant des baux à court terme, ne semble avoir rien à craindre de la dépréciation des métaux : il doit même espérer des accroissemens à sa fortune. Si les baux d'aujourd'hui sont plus élevés qu'avant la révolution, ce n'est pas seulement parce que l'argent avec lequel ils se paient, a perdu de sa valeur, c'est encore parce que les fonds de terre en ont gagné. Les produits agricoles, et généralement tous ceux qui concernent les premiers besoins de la vie, ne sont pas du nombre de ceux dont le prix puisse s'avilir. La demande en est assurée, et cette demande s'accroit tellement avec la population, que c'est un problème pour beaucoup d'économistes, de savoir si l'industrie ne succombera pas un jour par l'impuissance de la satisfaire.

On ne peut donc nier que les fonds de terre ne soient les biens dont la valeur est la mieux garantie et la plus stable. Maintenant, je le demande, si on peut désirer quelque part de la stabilité, n'est-ce pas dans ces établissemens destinés à secourir les misères de l'humanité? Si les hôpitaux ne possédaient pas de biens fonds, je conseillerais au Gouvernement d'asseoir la plus grande partie de leur fortune sur cette base stable et constante. Je lui dirais : si tant d'infirmités et de misères sont attachées perpétuellement à la condition humaine; eh bien, mettons à profit notre prudence et nos lumières, et ne refusons pas à l'humanité des garanties qui semblent partager cette éternité des maux qui l'assiègent. Sur cette mer orageuse de la vie, c'est sur le sol qu'il faut jeter l'ancre de salut.

A cet égard je ferai valoir des considérations de quelqu'importance sur la tendance de notre système actuel d'économie administrative.

Depuis qu'on a acquis le crédit, c'est-à-dire, comme l'appelle M. Neker, cette facilité d'emprunter qui passe en France pour de la richesse, le Gouvernement a pris à tâche de trouver à ses rentes des placemens dans tous les grands établissemens publics qui conserveraient les reconnaissances, et ne viendraient point les jouer à la bourse. C'est ce qu'on a appelé *immobiliser les rentes.* L'immobilisation est devenue si en faveur que, dès qu'on a trouvé l'occasion d'étendre quelque part son domaine, on est déclaré avoir à la fois bien mérité du crédit et de l'Etat. Il est intéressant de savoir à quoi s'en tenir sur les avantages de l'immobilisation. Nous les comprendrons tous en disant qu'elle est une conquête sur l'agiotage.

Quant à la sécurité qu'on prétend que l'Etat reçoit de ce placement de rentes dans les établissemens confiés à sa tutelle, je ne puis la concevoir ; car je ne croirai jamais que, quand l'Etat se trouve sur un terrein glissant, il soit prudent à lui d'y entraîner ceux qu'il aurait au contraire intérêt à en voir éloignés, puisqu'il doit en répondre. Au lieu d'une fortune, c'est deux qu'il expose. Il ressemble au joueur qui fait des garanties de l'avenir les chances de succès du présent.

Relativement aux propriétaires, soit hôpitaux, soit simples particuliers, de rentes immobilisées, ceux-là sont de tous les rentiers les plus malheureux. En effet qu'on ne répète point sans cesse, que les rentes ne paient pas d'impôt, parce qu'il n'y en n'a aucun d'inscrit dans le budget. Dès lors qu'il est évident qu'une rente en argent est exposée à une désappréciation successive, au point qu'au bout de 25 ans par exemple, le capital comme le revenu de la rente était censé, d'après l'ordonnance de 1780, avoir perdu l'un et l'autre un dixième de leur valeur; il est évident que si le gouvernement n'augmente pas comme le voulait l'ordonnance de 1780, le capital et le revenu de la rente précisément de ce dixième qu'elle a perdu, dans vingt-cinq ans il a prélevé un impôt d'un dixième sur le capital et le revenu (1). Ainsi le propriétaire d'une rente de cent francs, à cinq pour cent, ne jouirait plus, au bout de vingt-cinq ans, que d'un capital de quatre-vingt dix au lieu de cent francs, et d'un revenu de quatre et demie au lieu de cinq. Ce qui rend cet impôt léger en apparence, exorbitant en réalité, c'est qu'il attaque à-la-fois et le capital et le revenu. Bien peu de rentiers s'imaginent cependant *manger* à-la-fois l'un et l'autre, et payer sur les deux un double impôt au gouvernement; car qui paie cet impôt? ce sont les propriétaires de la rente classée. L'agiotage ne paie que les chances malheureuses auxquelles il s'expose.

Que l'on calcule maintenant la position des hôpitaux dont une partie de la fortune, consistant en rentes immobilisées, s'évanouit chaque jour, tant capital que revenu. Et on irait convertir en rentes ce qu'il leur reste encore de biens fonds! c'est-à-dire, qu'on laisserait dévorer l'avenir des pauvres!

Cette tendance est déplorable, et de plus impolitique, en ce qu'elle a pour effet de nous détacher de plus en plus de notre amour pour la propriété territoriale qui est cependant, chez un peuple, une ga-

---

(1) Je raisonne d'après l'hypothèse de la loi de 1780, et non d'après la dépréciation actuelle de l'argent, ce qui rendrait l'impôt plus élevé.

vant à d'autres considérations; la terre, dit-il, est un fonds d'une nature stable; voilà le revenu certain, solide, permanent, qui seul peut donner de la stabilité et de la dignité à un gouvernement.

Le plus éloquent défenseur des opinions constitutionnelles, dans la Chambre élective, le général Foy, a réclamé, au nom des intérêts de l'agriculture, qu'un lien intime et élevé rattachât sa prospérité à celle de l'Etat même.

Le Président du conseil des ministres, au nom de la dignité de la couronne, a exprimé le vœu qu'il a appelé monarchique; qu'une dotation territoriale fût la source des revenus de la royauté.

Eh bien! à ces deux vœux, que je partage, je viens, au nom de la religion, du malheur et de la dignité de la société, en exprimer un troisième: c'est que l'on conserve aux malheureux ces propriétés dont on apprécie si bien les avantages; car loin de moi l'idée que j'aie pu craindre, en développant tout ce que ces biens ont de précieux, de donner un aliment de plus à la convoitise.

Émigrés! si vous n'aviez la certitude de n'avoir fait choix que de vos amis dévoués pour membres de la commission, sans doute quelqu'un parmi vous, à la lecture de l'amendement qu'elle vous propose, vous aurait dit comme le prudent Laocoon, *timeo Danaos et dona ferentes*. Bientôt, éclairés par cet avis salutaire, et réfléchissant à la perfide habileté qu'il pouvait y avoir à mettre deux grandes infortunes aux prises, vous eussiez rejeté l'amendement comme le don empoisonné d'un ennemi.

C'est une main amie qui vous l'offre; la prudence peut vous abandonner; mais suffisamment avertis par vos cœurs français de tout ce que réclame la délicatesse de votre position et la dignité de votre cause, de périlleuse qu'elle était, vous saurez rendre cette épreuve honorable pour vous-mêmes, en apprenant à la France, par votre respect pour les malheurs des pauvres, celui qu'elle devra désormais aux vôtres.

CONCLUSION.

Je ne puis ici conclure qu'à l'adoption de la proposition du Gouvernement, qui est à la fois conforme, et aux droits et aux intérêts des hospices. Je la transcris ici :

« Les anciens propriétaires des biens donnés aux
» hospices et autres établissemens de bienfaisance,
» soit en remplacement de leurs biens aliénés, soit en
» paiement des sommes dues par l'Etat, auront droit
» à l'indemnité ci-dessus réglée. Cette indemnité sera
» égale au montant de l'estimation en numéraire faite
» avant la session.

» En ce qui concerne les biens qui n'ont été que
» *provisoirement* affectés aux hospices et autres éta-
» blissemens, et qui, aux termes de la loi du 5 dé-
» cembre 1814, doivent être restitués, lorsque ces éta-
» blissemens auront reçu un accroissement de dotation
» égal à la valeur de ces biens, les anciens propriétai-
» res ou leurs représentans pourront en demander la
» remise en offrant de transmettre à l'hospice détenteur
» l'inscription de rentes trois pour cent, égale au mon-

» tant de l'estimation qui leur aura été accordée à titre
» d'indemnité. »

» La remise des biens ne sera opérée que lorsque la
» rente aura ete inscrite en entier au profit de l'ancien
» propriétaire, conformément à l'article 5 de la pré-
» sente loi. »

Voilà ce qu'on doit seul conclure au nom des droits et des intérêts des pauvres.

Mais si on foule aux pieds les garanties de la Charte, qu'on rejette la proposition du Gouvernement qui en est la conséquence; alors il est de la prudence humaine de chercher à sauver du moins quelques débris du naufrage; et, sur ce terrain de l'illégalité et de l'injustice où je répugne à me placer, je dirais aux émigrés :

Le patrimoine sacré des pauvres doit être violé: c'est résolu. Mais du moins dans une loi où vous venez réclamer contre la spoliation, ne venez pas jouer le rôle de spoliateurs vous-mêmes. Je vous l'ai démontré en invoquant les autorités les plus puissantes et les faits les plus évidens, il y a loin de la valeur de vos 5 pour 100, à celle des biens que vous voulez ravir aux hospices, et vous leur prenez cent fois plus que vous ne leur donnez.

Il me reste à invoquer une dernière autorité, elle est imposante, elle est irrécusable. O pauvres! ma voix n'a pu rien obtenir pour vous, mais espérez en Louis XVI: c'est lui qui va parler :

« (1) Dans la vue de prévenir toute espèce d'objec-

---

(1) Ordonnance de 1780.

» tions relatives aux effets généraux de l'augmentation
» progressive du numéraire, et désirant que les hô-
» pitaux conservent, en entier et dans tous les temps, le
» fruit de nos dispositions bienfaisantes, nous leur
» avons encore assuré le dédommagement de l'aug-
» mentation progressive que l'on peut attendre dans
» la valeur des immeubles, et, à cet effet, nous vou-
» lons que tous les 25 ans, l'engagement que nous
» aurons pris envers les maisons hospitalières, soit
» augmenté d'un dixième en capital et arrérages, et
» qu'à chacune des révolutions susdites, il soit passé
» un nouveau contrat conforme à cette promesse. »

Emigrés, vous avez entendu les paroles de Louis XVI, et ce n'est plus moi, c'est lui-même qui, au nom des intérêts des pauvres, demande que vous les dédommagiez *de l'augmentation progressive du numéraire, et de l'augmentation progressive dans la valeur des immeubles, par un accroissement d'un dixième tous les vingt-cinq ans, tant sur le capital que sur le revenu de la rente que vous leur paierez au remplacement de leurs biens.* Tel est l'amendement nécessaire à la mesure proposée par la commission.

Si vous le rejetez, oserez-vous encore vous dire royalistes, vous qui aurez violé la Charte de Louis XVIII où les droits des pauvres étaient garantis, la loi de Louis XVI, où leurs intérêts étaient défendus; et qui aurez ainsi, en un seul jour, brisé l'ouvrage et insulté à la mémoire de deux rois

www.ingramcontent.com/pod-product-compliance
Lightning Source LLC
Chambersburg PA
CBHW060715050426
42451CB00010B/1460